SB/09
la musique
SB/09
LE SILENCE
SB/09
VIDE
SB/09
DANS LE
BLEU

L'OUBLI
SB/09

PRENDS
TOUT
4315
SB/09

humide
4319
SB/09

brouille
SB/09

SB/09

TES SEIN S

Sèche

SB/09

SB/09

masqu é

SB/09

ENIVRÉ

SB/09

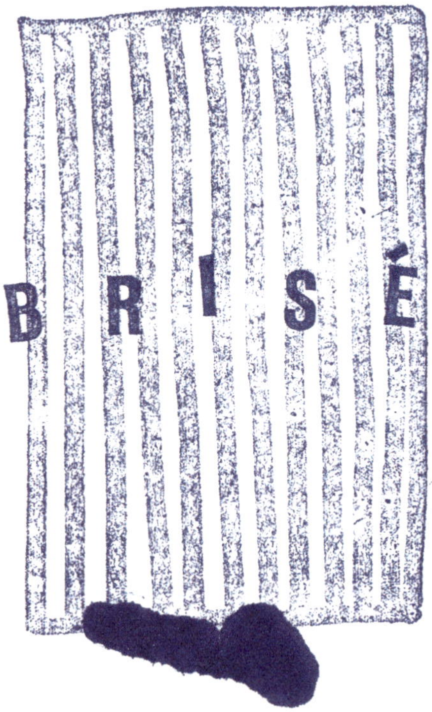

BRISÉE

SB/09

POSÉE

SB/09

calmée

SB/09

pour

s'envoler

le futur

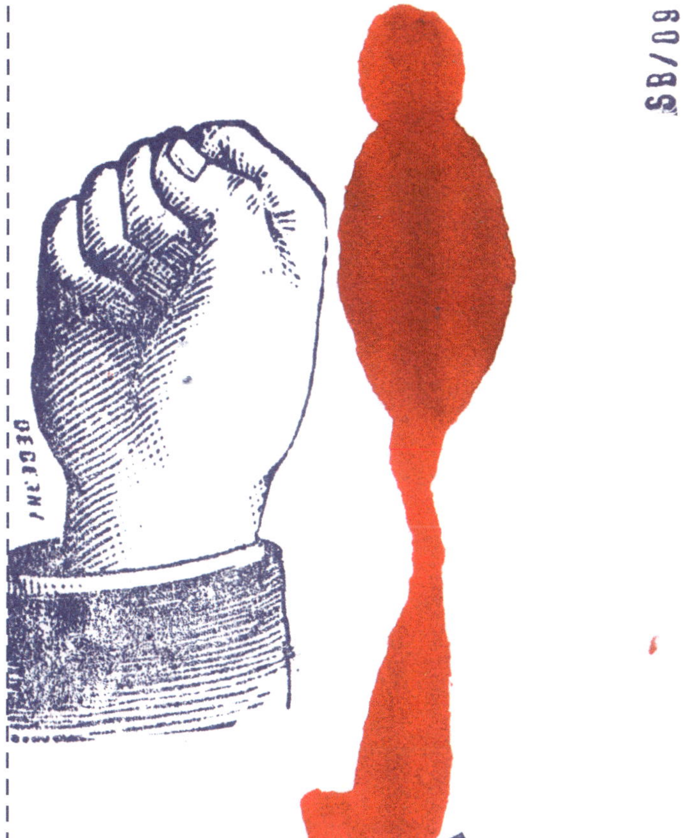

DORÉE

la rue

de tout

SB/09

double

SB/09

LE CREUX

surgit

SB/09

VIVRE

SB/09

eNLace

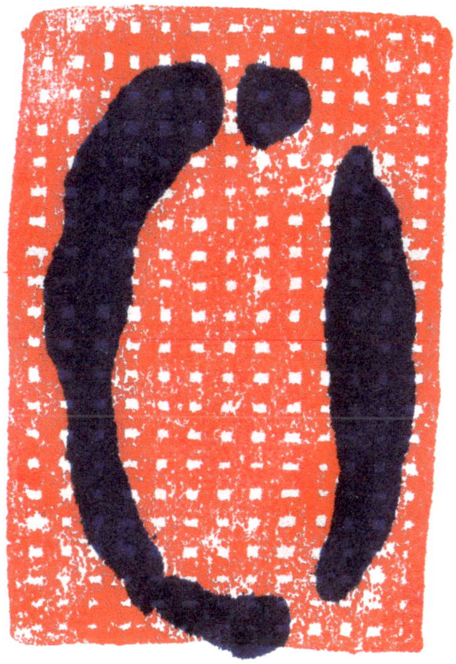

TES MAINS

PETIT

SB/09

échappé

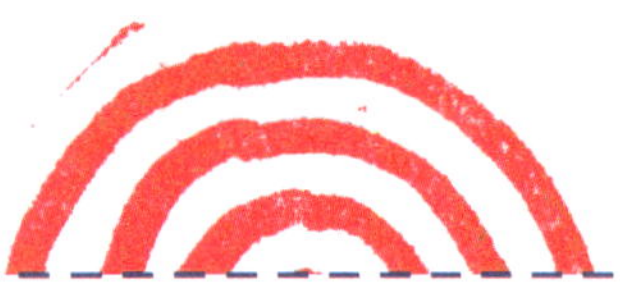

SB/09

cassant

SB/09

de rriè re

de rien

DOUX

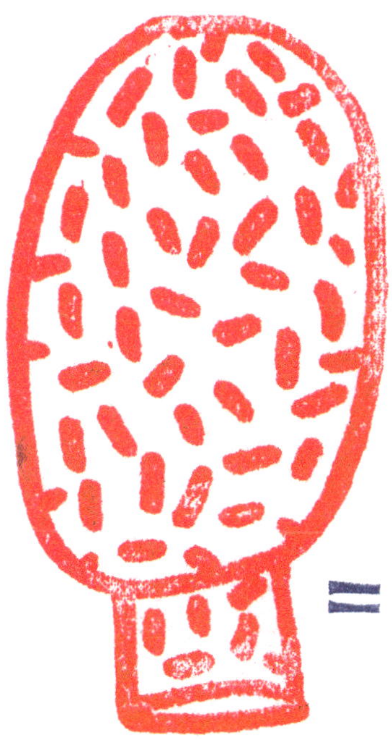

CRUE

MORDU

m
SB/09
MAGIQUE

tendre
SB/09

SB/09
LE MUR

SURPREND
SB/09

SB/09

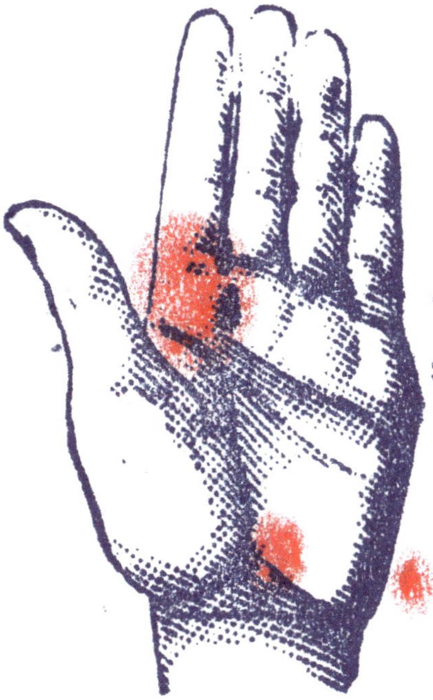

lumineux

SB/09

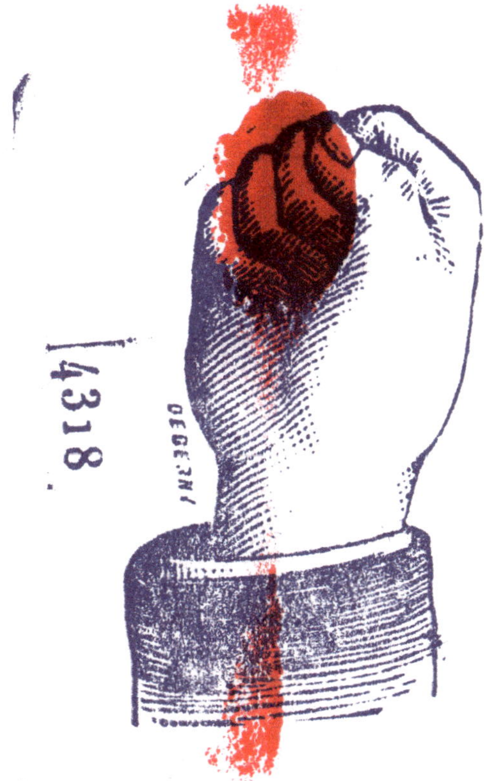

MARCHE

SB/09

arbre

SB/09

CASSÉE

SB/09

enlace

la couleur

SB/09

jetée

aSSombri

SB/09

AIME

SB/09

POURRIE

MAIS

SB/09

SB/09

4315

MERCI

SB/09

la mouche

MI-FIGUE
MI-RAISIN

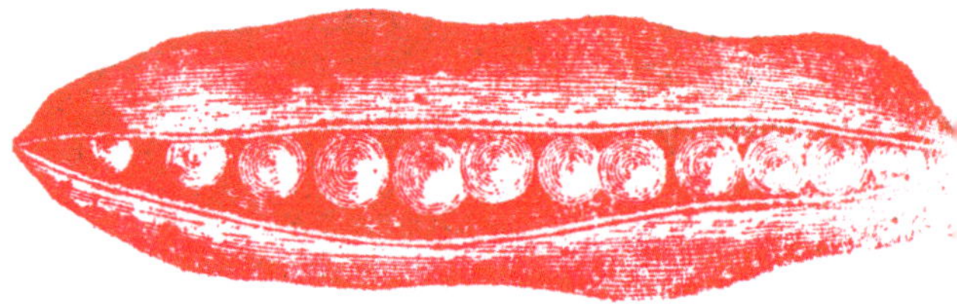

SB/09

l'oeil

SB/09

POUR RIRE

SB/09

PART

SB/09

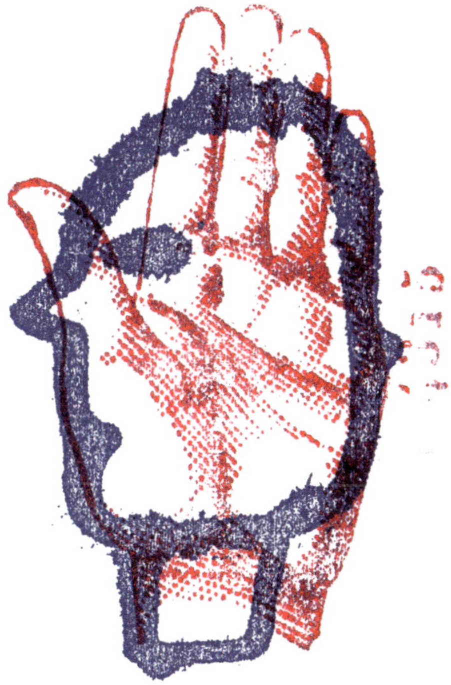

bruit

SB/09

prend

SB/09

PERDU

SB/09
DEBERNY
4318
MARCHE
OU CRÉE

SB/09
CHANTÉ

épuise
SB/09

SB/09
le rêve

SB/09
ton cul

SB/09
BOIRE

SB/09
FAIBLE

SB/09
LE PEU

LA CHALEUR

SB/09

LAISSE
FAIRE

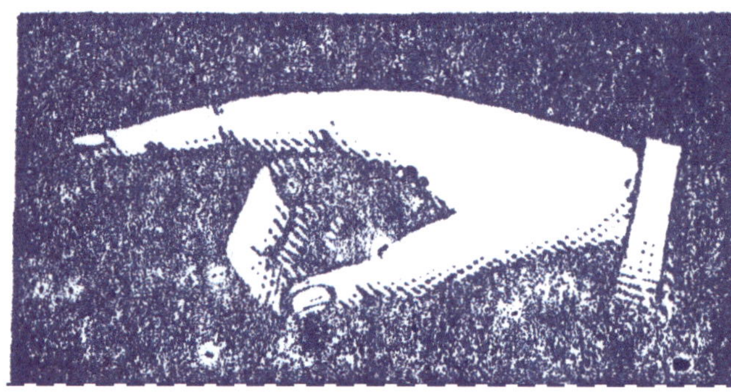

SB/09

LE CREUX

SB/09

la courbe

SB/09

la route

SB/09

LECHÉE

SB/09

4:19

PAR LÀ

SB/09

mordRE

4318

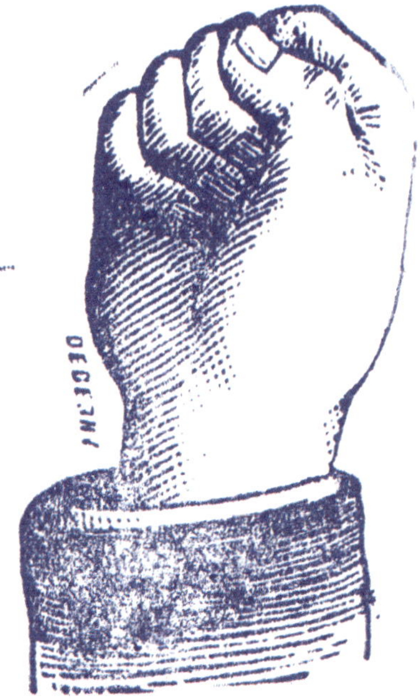

MÊME SI

SB/09

TROIS FOIS
RIEN

SB/09

TES YEUX

OUVERT
SB/09

AU VENT
SB/09

SB/09
grimace

DÉVORE
SB/09

SB/09

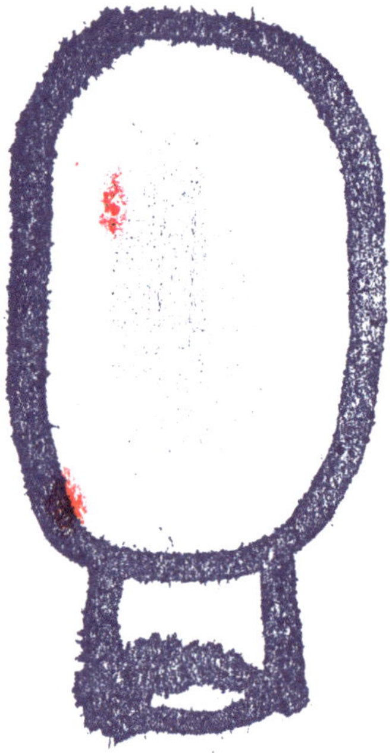

Grise

SB/09

43

PEINE

SB/09

dans le souffle

SB/0

OÙ VAS-TU

SB/09
QUE VEUX-TU

SB/09
SUAVE

SB/09
C'EST LÀ

SB/09
joyeux

MON SOUFFLE

SB/09

SB/09

PARLE

SB/09

de l'aube

SB/09

Du sAble

SB/09

ému

MA MAIN

LA POUDRE

SB/09
L'âme

ÊTRE

SB/09

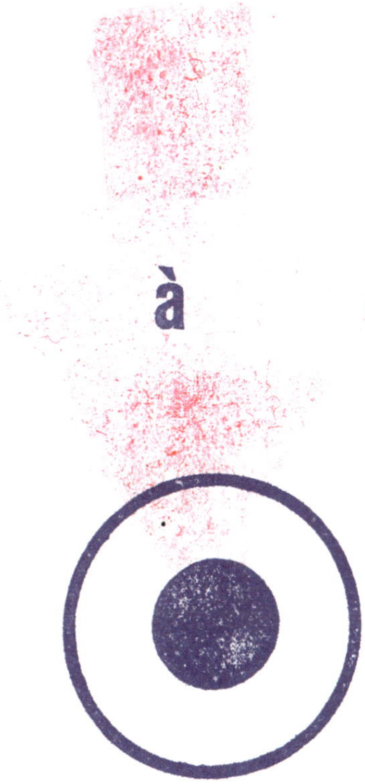

SB/09

E NTOURE

ENSEMBLE

SB/09

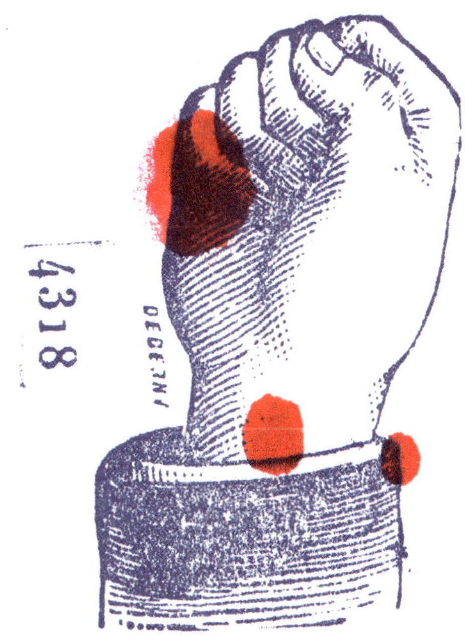

cogne

MOUILLÉ

SB/09

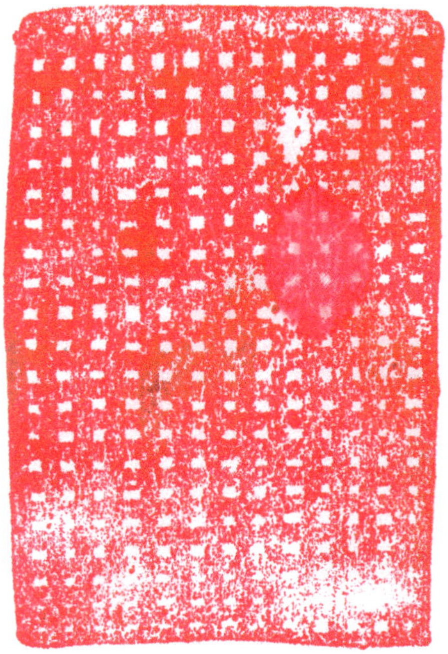

SB/09

BOIRE

SB/09

LA CHALEUR

sourit

SB/09
4319
pointé
4319

SB/09
UN SOIR

SB/09
RIRE

4318
SB/09
GELÉE

le calme
KB/09

LE SOIR
SB/09

des rues
SB/09

LE FEU
KB/09
BLOCH

SB/09
LE BRUIT

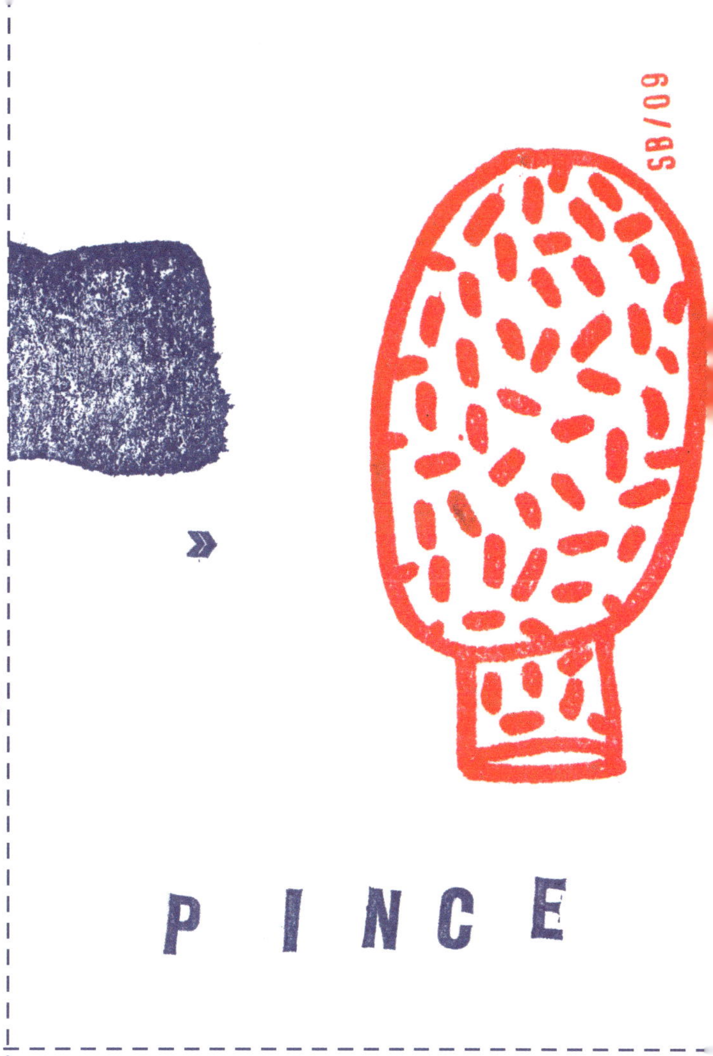
SB/09
»
PINCE

SB/09
SEULE

s'amuse
SB/09

MON SOUFFLE

un rien

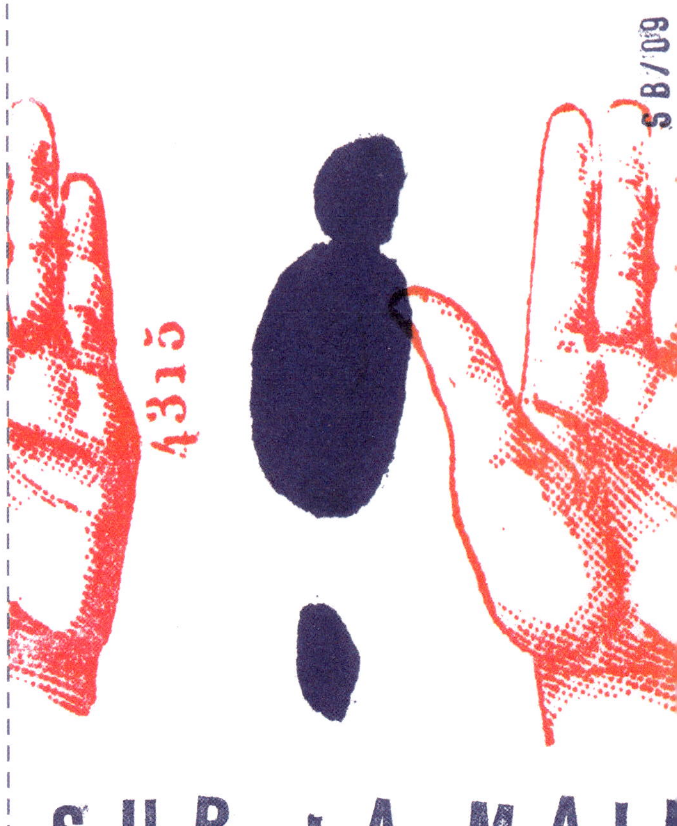

SUR LA MAI